La Sociologie et son domaine scientifique

Emile Durkheim

A Jean-Marc Leveratto

Hommage de l'éditeur

FGM

Copyright

Copyright © 2020 Emile Durkheim (domaine public)
Édition : BoD – Books on Demand, 12/14 rond-point des Champs-Élysées, 75008 Paris.
Impression : BoD - Books on Demand, Norderstedt, Allemagne.
ISBN : 9782322252145
Dépôt légal : Octobre 2020
Tous droits réservés

-02- La Sociologie et son domaine scientifique

I

Une science qui vient de naître n'a et ne peut avoir au début qu'un sentiment incertain et vague de la région de la réalité vers laquelle elle va se diriger, de son étendue et de ses limites ; et elle ne peut s'en faire une image plus claire qu'au fur et à mesure qu'elle avance dans ses recherches. Il est d'autre part d'une extrême importance qu'elle acquière ainsi une conscience plus élevée de son objet, car la voie suivie par le savant est d'autant plus sûre qu'il procède méthodiquement, et lui-même est d'autant plus méthodique qu'il peut rendre compte plus exactement du terrain sur lequel il s'engage.

Le moment est venu pour la sociologie de faire tous les efforts possibles pour réaliser ce progrès. Sans aucun doute, quand certains critiques retardataires, subissant inconsciemment le préjugé qui en tout temps s'est opposé avec acharnement à la formation de sciences nouvelles, reprochent à la sociologie d'ignorer à quel objet précis elle doit s'attaquer, on peut leur répondre que cette ignorance est inévitable dans les premiers temps de la recherche et que notre science est née seulement d'hier. Il est nécessaire de ne pas perdre de vue, surtout devant la faveur que rencontre actuellement la sociologie, qu'il y a quinze ans l'Europe ne comptait pas dix véritables sociologues. Il faut ajouter que c'est trop exiger que de vouloir qu'une science circonscrive son objet avec une précision excessive ; car la partie de la réalité que l'on se propose d'étudier n'est jamais séparée des autres par une frontière précise. Dans la nature, en effet, tout est si lié qu'il ne peut y avoir ni de solution de continuité entre les différentes sciences, ni de frontières trop précises. Nous tenons cependant à nous faire une idée aussi claire que possible de ce qui forme le domaine de la sociologie, à déterminer où il se trouve et à établir à quels signes se reconnaît l'ensemble des phénomènes dont nous devons nous occuper, tout en négligeant de fixer des frontières qui ne peuvent être qu'indéterminées. Ce problème est d'autant plus urgent pour notre science que, si l'on n'y prend pas garde, sa sphère d'action peut être étendue à l'infini, puisqu'il n'existe aucun phénomène qui ne se passe pas dans la société, depuis les faits physico-chimiques jusqu'aux faits véritablement sociaux. Il faut donc isoler avec soin ces derniers, montrer ce qui en forme l'unité pour ne pas réduire la sociologie à un titre conventionnel appliqué à un agrégat incohérent de disciplines disparates.

II

Simmel a fait un effort, remarquable par son excès, pour tracer les limites du domaine de la sociologie . Il part de l'idée que s'il existe une sociologie, elle doit constituer un système d'investigations à part, parfaitement distinct de celui des sciences existant depuis longtemps sous le nom d'économie politique, d'histoire de la civilisation, de statistique, de démographie, etc. En tant qu'elle doit se distinguer des autres sciences, elle doit avoir un autre domaine. La différence consiste en ce que les autres sciences spéciales étudient ce qui se passe dans la société, mais non la société elle-même. Les phénomènes religieux, moraux, juridiques, dont elles s'occupent, se produisent à l'intérieur de groupes déterminés, mais les groupes au milieu desquels ils se déroulent doivent faire l'objet d'une autre recherche, indépendante des précédentes et qui constitue justement le domaine de la sociologie. Les hommes qui vivent en société parviennent a réaliser avec l'aide de la société une grande variété de fins, les unes religieuses, les autres économiques ou esthétiques, et les sciences spéciales ont justement pour objet d'étude les processus particuliers en vertu desquels ces fins sont atteintes. Mais de tels processus ne sont pas sociaux en eux-mêmes ou, tout au moins, n'ont qu'indirectement ce caractère et ils ne l'ont qu'en tant qu'ils se développent dans un milieu collectif. Les sciences qui traitent de ces processus ne sont donc pas véritablement sociologiques. Dans cet ensemble qu'on appelle ordinairement une société, il existe deux sortes d'éléments qui demandent à être distingués avec soin : il y a le contenu, c'est-à-dire les différents phénomènes qui se produisent entre les individus associés, et il y a le contenant, c'est-à-dire l'association même au sein de laquelle on observe ces phénomènes. L'association est la seule chose véritablement sociale, et la sociologie est la science de l'association in abstracto : « La sociologie ne doit pas aller chercher ses problèmes dans la matière de la vie sociale, mais dans sa forme... c'est cette considération abstraite des formes sociales qui fonde pour la sociologie son droit à l'existence de même que la géométrie doit son existence à la possibilité d'abstraire des formes pures des choses matérielles. »

Mais par quels moyens donnera-t-on une forme concrète a cette abstraction ? Si toute association humaine se forme en vue de fins particulières, comment pourra-t-on isoler l'association en général des différentes fins auxquelles elle sert, de façon à en déterminer les lois ? « En rapprochant les associations vouées aux buts les plus divers et en dégageant ce qu'elles ont en commun. De cette façon les différences que présentent les fins particulières autour desquelles les sociétés se constituent s'éliminent réciproquement et seule apparaît la forme sociale. Par exemple, un phénomène - la formation des partis - s'observe aussi bien dans le monde de l'art que dans celui de la politique, dans celui de l'industrie que dans celui de la religion : si l'on recherche ce qui se produit dans tous ces milieux, malgré la diversité des fins et des intérêts, on pourra déterminer les lois de ce genre particulier de groupement. Cette même méthode nous permettra d'étudier la domination et la subordination, la formation des hiérarchies, la division du travail, la concurrence et ainsi de suite ».

Il semblerait que, de cette façon, on assigne à la sociologie un objet nettement défini. En réalité nous croyons qu'une telle conception ne sert qu'à la maintenir dans l'idéologie métaphysique dont elle éprouve au contraire un irrésistible besoin de s'émanciper. Ce n'est pas nous qui contestons à la sociologie le droit de se constituer au moyen d'abstractions, puisqu'il n'y a pas de science qui puisse se former autrement. Seulement il est nécessaire que les abstractions soient méthodiquement maîtrisées et qu'elles séparent les faits selon leurs distinctions naturelles, sans quoi elles dégénèrent largement en constructions imaginaires, en une vaine mythologie. La vieille économie politique réclamait elle aussi le droit à l'abstraction, et, en tant que principe, on ne peut pas le lui refuser, mais l'usage qu'elle en fait était vicié, car elle plaçait à la base de toutes ses déductions une abstraction qu'elle n'avait pas le droit d'utiliser, c'est-à-dire la notion d'un homme qui dans ses actions serait exclusivement guidé par son intérêt personnel. Or cette hypothèse ne peut pas être posée d'emblée au début de la recherche ; seules des observations répétées et des comparaisons méthodiques peuvent permettre d'évaluer la force d'impulsion que ce mobile peut exercer sur nous. Il n'existe pas de moyen pour s'assurer s'il y a en nous quelque chose d'assez défini pour qu'on puisse l'isoler des autres facteurs de la conduite et le considérer en lui-même. Qui peut dire s'il existe entre l'égoïsme et l'altruisme cette séparation tranchée que le sens commun admet sans réflexion ?

Pour justifier la méthode avancée par Simmel, il ne suffit pas d'évoquer les sciences qui procèdent par abstraction, mais il est nécessaire de prouver que l'abstraction à laquelle on a recours satisfait aux principes auxquels doit se conformer toute abstraction scientifique. Or de quel droit sépare-t-on si radicalement le contenant du contenu de la société. On affirme que seul le contenant est de nature sociale, et que le contenu ne possède qu'indirectement ce caractère. Cependant, il n'y a aucune preuve pour confirmer une assertion qui, loin de passer pour un axiome évident, peut surprendre le chercheur.

Tout ce qui se produit dans la société n'est certes pas social, mais on ne peut pas dire la même chose de tout ce qui arrive dans et par la société. Par conséquent, pour exclure de la sociologie les différents phénomènes qui constituent la trame de la vie sociale, il serait nécessaire de démontrer auparavant qu'ils ne sont pas l'œuvre de la collectivité, mais qu'ils ont des origines tout à fait différentes et viennent simplement prendre place dans le cadre général que constitue la société. Or, à notre connaissance, cette démonstration n'a pas été tentée et on n'a pas non plus commencé les recherches qu'elle suppose. Toutefois, on comprend à première vue comment les traditions et les pratiques collectives de la religion, du droit, de la morale, de l'économie politique ne peuvent pas être des faits moins sociaux que les formes extérieures de la sociabilité, et, si on approfondit l'examen de ces faits, cette première impression se confirme : partout est présente l'œuvre de la société qui produit ces phénomènes et partout est manifeste leur répercussion sur l'organisation sociale. Ils sont la société même, vivante et opérante. Ce serait une idée tout à fait étrange que d'imaginer le groupe comme une espèce de forme vide, de moule indifférencié pouvant recevoir n'importe quelle matière ! On affirme que ce sont des organisations que l'on rencontre partout, quelle que soit la nature des fins poursuivies. Mais l'existence de caractères communs à toutes ces finalités, quelles que soient leurs divergences, est une donnée de l'intuition. Pourquoi seuls ceux-ci devraient présenter une valeur sociale à l'exclusion des caractères spécifiques ?

Non seulement cet usage de l'abstraction n'a rien de méthodique, puisqu'il a pour effet de séparer des choses qui sont de même nature, mais l'abstraction que l'on obtient ainsi et dont on veut faire l'objet de la science, manque de toute détermination. En effet, que signifient les expressions de formes sociales, de forme de l'association en général ? Si l'on ne voulait parler que de la façon dont les individus se situent les uns par rapport aux autres au sein de l'association, des dimensions de cette dernière, de sa densité, en un mot de son aspect extérieur et morphologique, la notion serait définie, mais trop restreinte pour pouvoir constituer à elle seule l'objet d'une science, car cela reviendrait à réduire la sociologie à la seule considération du substrat sur lequel repose la vie sociale. Mais en fait notre auteur attribue à ce mot un sens beaucoup plus large. Il entend par là non seulement le mode de groupement, la condition statique de l'association, mais aussi les formes les plus générales des rapports sociaux. Ce sont les formes les plus larges des relations de toute sorte qui se nouent au sein de la société ; et telle est la nature des phénomènes qui se présentent à nous comme relevant directement de la sociologie, tels que la division du travail, la concurrence, l'imitation, l'état de liberté ou de dépendance dans lequel se trouve l'individu par rapport au groupe . Mais alors entre ces relations et d'autres plus spéciales il n'y a qu'une différence de degré, et comment une simple différence de ce genre peut-elle justifier une séparation si nette entre deux ordres de phénomènes ? Si les premiers constituent la matière de la sociologie, pourquoi les seconds devront-ils en être exclus s'ils sont de la même espèce ? L'apparence de fondement qu'avait l'abstraction ainsi opérée, quand les deux éléments étaient opposés l'un à l'autre comme le contenant au contenu, s'effondre dès que l'on cherche à mieux préciser la signification de ces mots et que l'on voit que ce ne sont que des métaphores employées de façon inexacte.

    L'aspect le plus général de la vie sociale n'est donc pas, pour cette raison, contenu ou forme, plus que ne le sont les aspects spéciaux qu'elle peut offrir. Il n'y a pas deux espèces de réalité, qui, tout en étant solidaires, seraient distincts et dissociables, mais des faits de même nature examinés à des stades différents de généralité. Quel est, par ailleurs, le degré de généralité nécessaire pour que de tels faits Puissent être classés parmi les phénomènes sociologiques ? Personne ne le dit, et la question est de celles qui ne peuvent recevoir de réponse. On comprend ce qu'il y a d'arbitraire dans ce critère et comment il donne la possibilité d'étendre ou de restreindre les frontières de la science. Sous prétexte de circonscrire la recherche, cette méthode en réalité l'abandonne à la fantaisie individuelle. Il n'y a plus aucune règle qui décide de façon impersonnelle où commence et où prend fin le cercle des faits sociologiques ; non seulement les frontières sont mobiles, ce qui serait légitime, mais on ne comprend pas pourquoi elles devraient être placées à tel endroit plutôt qu'à tel autre. Il faut ajouter que, pour étudier les types les plus généraux des actions sociales et leurs lois, il est nécessaire de connaître les lois des types les plus particuliers, puisque ces lois et actions générales ne peuvent être étudiées et expliquées que grâce à une comparaison méthodique avec les lois et actions particulières. A cet égard tout problème sociologique suppose la connaissance approfondie de toutes ces sciences spéciales que l'on voudrait mettre en dehors de la sociologie, mais dont elle ne peut se passer. Et comme cette compétence universelle est impossible, il faut se contenter de connaissances sommaires, acquises de façon hâtive et qui ne sont soumises à aucun contrôle. C'est bien ce qui caractérise, en vérité, les études de Simmel. Nous en apprécions la finesse et l'ingéniosité, mais nous ne croyons pas possible de définir avec objectivité les principales subdivisions de notre science, en l'interprétant comme lui. On ne perçoit aucun lien entre les questions sur lesquelles il attire l'attention des sociologues ; ce sont des sujets de méditation qui ne sont pas mis en rapport avec un système scientifique cohérent. En outre, les preuves qu'il avance consistent en général en de simples exemples, les faits cités étant parfois empruntés aux domaines les plus disparates, sans être précédés de critique et, souvent, sans qu'on puisse en apprécier la valeur. Pour que la sociologie mérite le nom de science, il faut qu'elle soit autre chose que de simples variations philosophiques sur certains aspects de la vie sociale, choisis plus ou moins au hasard, en fonction des tendances individuelles. Il faut poser le problème de façon a pouvoir lui trouver une solution logique.

III

Bien qu'il y ait réellement deux éléments différents à distinguer, dans la société, il reste que cette distinction doit se faire d'une autre façon et doit avoir pour objet de subdiviser le domaine de la sociologie et non de le restreindre arbitrairement.

La vie sociale est formée de manifestations diverses dont nous allons indiquer la nature. Mais quelles qu'elles soient, elles ont toutes le caractère commun d'émaner d'un groupe, simple ou composé, qui en est le substrat. L'étude du substrat social appartient évidemment à la sociologie. Il est aussi l'objet le plus immédiatement accessible à l'investigation du sociologue puisqu'il est doté de formes matérielles perceptibles par les sens. En fait la composition de la société consiste en des combinaisons de gens et de choses qui ont nécessairement un lien dans l'espace. D'autre part l'analyse explicative de ce substrat ne doit pas être confondue avec l'analyse explicative de la vie sociale qui se déroule a sa surface. La façon dont la société est constituée est une chose, toute autre chose est la manière dont elle agit. Ce sont deux sortes de réalités si différentes qu'on ne peut pas les traiter avec les mêmes procédés et qu'on doit les séparer dans la recherche. L'étude de la première forme par conséquent une branche spéciale - bien que fondamentale - de la sociologie. Il s'agit ici d'une distinction analogue à celle que l'on observe dans toute les sciences de la nature. A côté de la chimie, qui étudie la façon dont les corps sont constitués, la physique a pour objet les phénomènes de toutes sortes dont les différents corps sont le siège ; à coté de la physiologie qui recherche les lois de la vie, l'anatomie ou la morphologie s'attache à étudier la structure des êtres vivants, leur mode de formation et les conditions qui président à leur existence.

Les principales questions qui se posent à ce propos dans le domaine de la sociologie sont les suivantes :

Le substrat social doit tout d'abord être défini dans sa forme extérieure qui se caractérise principalement : 1) par l'étendue du territoire ; 2) par la situation géographique de la société, c'est-à-dire par sa position périphérique ou centrale par rapport aux continents et par la façon dont elle est entourée par les sociétés voisines, etc. ; 3) par la forme de ses frontières. En fait, comme l'a démontré Ratzel, les frontières changent de nature et d'aspect suivant les pays ; elles sont constituées tantôt par des surfaces plus ou moins étendues, tantôt par des lignes géométriques, dans certains cas elles pénètrent comme des coins dans les pays voisins, alors qu'ailleurs elles s'incurvent et sont repoussées vers l'intérieur, et ainsi de suite. Il y a en outre le contenu, c'est-à-dire en premier lieu la masse totale de la population, dans son importance numérique et dans sa densité. Il y a des groupements secondaires que la société enferme en son sein et qui ont une base matérielle, telles que les villages, les villes, les districts et les provinces d'importance diverse. Et à propos de chacun d'eux se reposent les différentes questions qu'il faut étudier en ce qui concerne la collectivité, c'est-à-dire l'étendue des agglomérations, la grandeur des villes et des villages, les cours d'eau, les enceintes extérieures, la grandeur et la densité de la population, etc.

Enfin, chaque groupe, total ou partiel, utilise selon ses besoins le sol ou la partie du sol qu'il occupe. Les nations s'entourent de forteresses ou se munissent de villes fortifiées ; des voies de communication sont construites. La disposition des rues et des places, l'architecture des maisons et des bâtiments de toute espèce varient des villages aux villes, des grandes villes aux petites, etc. Le substrat social se différencie de mille manières sous la main de l'homme et ces différences ont une grande signification sociologique soit par les causes dont elles dépendent, soit par les effets qui en résultent. La présence ou l'absence d'enceintes, de marchés, la construction d'édifices publics et leur inégale diversité par rapport aux établissements privés, tous ces faits sont liés à ce qu'il y a de plus essentiel dans la vie collective, et concourent en même temps à lui donner une empreinte déterminée.

Mais le sociologue n'a pas simplement pour tâche de décrire ces différents phénomènes dont l'énumération précédente n'a pas la prétention d'être complète ; il doit se proposer de les expliquer, c'est-à-dire de les rattacher à leurs causes et d'en déterminer les fonctions. Il se demandera par exemple pourquoi les sociétés, suivant le stade de développement auquel elles sont parvenues, préfèrent les situations périphériques, quel est le rôle du territoire dans la vie des États, pourquoi les frontières prennent de préférence une forme à une autre, quels faits ont donné naissance aux villages, puis aux villes, de quels facteurs dépend le développement des centres urbains. Or toutes ces causes et tous ces effets consistent nécessairement en mouvements. Peu à peu, sous l'action de certaines forces, les différents éléments sociaux se sont disposés selon une forme ou une autre. Ce sont les migrations externes qui déterminent la situation des États, la nature de leurs fonctions. Elles sont en effet en relation directe avec le mouvement d'expansion de chaque société. Ce sont les courants de migration interne qui déterminent l'importance respective des populations urbaines et rurales. Ce sont les facteurs dont dépendent la natalité et la mortalité qui font varier le chiffre de la population globale. C'est la tendance de la société à vivre concentrée ou dispersée qui explique sa densité.

Cette branche de la sociologie n'est donc pas une science purement statique et c'est pour cette raison que nous n'estimons pas opportun d'adopter ce terme qui n'indique pas clairement le point de vue à partir duquel la société est considérée : en effet, il ne s'agit pas, comme on l'a dit parfois, de la considérer à un moment donné, immobilisée de façon abstraite, mais d'en analyser la formation et d'en rendre compte. Sans aucun doute les phénomènes concernant la structure ont quelque chose de plus stable que les phénomènes fonctionnels, mais entre ces deux ordres de faits il n'y a que des différences de degré. La structure elle-même se rencontre dans le devenir et on ne peut la mettre en évidence qu'à condition de prendre en compte le processus du devenir. Elle se forme et se décompose sans cesse, elle est la vie parvenue à un certain degré de consolidation, et la séparer de la vie, dont elle dérive ou de la vie qu'elle détermine, équivaut a dissocier des choses inséparables.

Nous proposons d'appeler morphologie sociale cette science qui a pour objet l'étude des formes matérielles de la société. Le mot forme qui, dans l'emploi qu'en faisait Simmel, n'avait qu'une signification métaphorique, est ici employé dans son sens véritable. Tout phénomène morphologique, conçu de cette façon, consiste en réalités matérielles qui acquièrent une forme déterminée qu'on peut toujours représenter graphiquement.

IV

Toutefois le substrat de la vie collective n'est pas la seule chose de caractère social qui existe dans la nature ; la vie qui en jaillit ou qu'il soutient a nécessairement le même caractère et elle est du ressort de la même science. A côté des manières sociales d'être il y a les façons sociales d'agir ; à côté des phénomènes morphologiques se trouvent les phénomènes fonctionnels ou physiologiques. Il est aisé de prévoir que les seconds doivent être plus nombreux que les premiers, puisque les manifestations vitales sont bien plus variées et complexes que les combinaisons morphologiques qui en sont la condition fondamentale.

A quels signes pourra-t-on les reconnaître ? Où commence et où finit cette région de la vie collective, c'est-à-dire celle de la physiologie sociale ?

Tout d'abord il est clair que la généralité, à elle seule, serait un indice trompeur. Il ne suffit pas qu'un certain nombre d'individus agissent de la même façon pour que ces actions parallèles, fussent-elles mêmes identiques, aient quelque chose de social ; de la même façon, deux individus ne constituent pas un groupe pour la seule raison qu'ils sont voisins et se ressemblent. Nous devons chercher ailleurs le critère distinctif dont nous avons besoin.

Commençons par établir une proposition qui devrait être considérée comme un axiome : pour qu'une véritable sociologie puisse exister, il est nécessaire que se produisent dans chaque société des phénomènes dont cette société soit la cause spécifique et qui n'existeraient pas si elle n'existait pas, et qui ne sont ce qu'ils sont que parce qu'elle est constituée comme elle l'est. Une science ne peut être fondée que si elle a pour matière des faits sui generis distincts de ceux qui constituent l'objet d'étude des autres sciences. Si la société n'était pas susceptible de produire des phénomènes particuliers par rapport à ceux qu'on observe dans les autres règnes de la nature, la sociologie serait sans objet propre. Pour qu'elle puisse avoir une raison d'être, il faut qu'il y ait des réalités qui méritent d'être appelées sociales et qui ne soient pas simplement des aspects d'un autre ordre de choses.

Cette proposition a pour corollaire que les phénomènes sociaux n'ont pas leur cause immédiate et déterminante dans la nature des individus. Car s'il en était autrement, s'ils dérivaient directement de la constitution organique ou physique de l'homme, sans qu'aucun autre facteur intervînt dans leur élaboration, la sociologie se confondrait avec la psychologie. Il est sans doute vrai que tous les phénomènes fonctionnels de l'ordre social sont psychologiques en ce sens qu'ils constituent un mode de pensée et d'action. Mais pour que la sociologie puisse avoir une matière qui lui soit propre, il faut que les idées et les actions collectives soient différentes par nature de celles qui ont leur origine dans la conscience individuelle et qu'elles soient en outre régies par des lois spéciales. On peut dire que la physiologie sociale est une psychologie, à condition de préciser qu'il s'agit d'une psychologie qui en aucun cas ne saurait être confondue avec la science que l'on désigne habituellement par ce mot et qui vise exclusivement à étudier la constitution mentale de l'individu.

Cependant cette affirmation très simple se heurte à un très vieux sophisme, dont plusieurs sociologues subissent encore l'influence sans s'apercevoir qu'il est la négation même de la sociologie. On affirme que la société n'est formée que d'individus et que, de la même façon qu'on ne peut avoir dans le tout que ce qu'on rencontre dans les parties, tout ce qui est social est réductible à des facteurs individuels. On pourrait dire de même qu'il n'y a rien d'autre dans la cellule vivante en dehors de ce qui existe dans les atomes d'hydrogène, de carbone et d'azote qui contribuent à sa formation ; or, on sait intuitivement que ces atomes ne vivent pas.

La façon de raisonner que nous venons d'indiquer est donc radicalement erronée et il est faux que le tout soit toujours égal à la somme de ses parties. Quand des éléments se combinent, c'est une réalité nouvelle qui dérive de leur combinaison et elle présente des caractères entièrement nouveaux, parfois même opposés à ceux qu'on observe dans les éléments qui la composent. Deux corps mous, le cuivre et l'étain, forment par leur union une des matières les plus dures que l'on connaisse, le bronze. On voudra peut-être nous opposer que les propriétés qui se sont manifestées dans le tout préexistaient à l'état de germe dans les parties ? Un germe est quelque chose qui n'est pas encore tout ce qu'il sera mais qui dès maintenant existe ; c'est une réalité qui n'a atteint que la première période de son évolution, mais qui existe dès maintenant effectivement en témoignant de son existence par des faits caractéristiques. Or dans les atomes minéraux qui composent la substance vivante y a-t-il quelque chose qui révèle le moindre germe de vie ? S'ils étaient restés isolés les uns des autres, si quelque cause inconnue ne les avait étroitement unis, jamais aucun d'eux n'aurait manifesté une quelconque propriété qui pût, autrement que par métaphore ou analogie, être qualifiée de biologique. Si donc des particules non vivantes peuvent en s'unissant former un être vivant, il n'y a rien d'extraordinaire à ce qu'une association de consciences particulières devienne le champ d'action de phénomènes sui generis que les consciences associées n'auraient pu produire par la seule force de leur nature.

Ce principe étant acquis, nous sommes en mesure de déterminer un critère permettant de reconnaître les phénomènes sociaux à caractère physiologique. Il ne faut pas donner au terme de physiologie le sens qu'on lui attribue habituellement lorsqu'il s'agit de l'individu, parce que ces phénomènes ne sont pas de ceux qui se manifestent uniquement par le développement de leurs propriétés intrinsèques. En d'autres termes, ils ne peuvent pénétrer dans l'individu qu'en s'imposant à lui de l'extérieur. Il est nécessaire qu'ils exercent une pression sur les individus pour les amener à sortir ainsi de leur nature. Les individus peuvent ne pas remarquer cette pression de même qu'ils ne perçoivent pas celle que l'atmosphère exerce sur leur corps ; ils peuvent parfois y céder sans résistance. Cependant, inconsciente ou non, librement acceptée ou subie passivement, elle ne cesse pas d'être réelle. C'est ce que nous avons voulu dire quand nous avons caractérisé les phénomènes sociaux par cette propriété qu'ils ont de s'imposer à l'individu et même d'exercer sur lui une contrainte extérieure . Nous n'entendons pas par là que les pratiques ou les croyances collectives doivent nécessairement être inculquées aux hommes par la violence ou la coercition. La force qui fait que nous nous inclinons devant elles et que nous nous y conformons n'est pas matérielle ou du moins ne l'est pas nécessairement. Si nous nous soumettons docilement aux impulsions directrices de la société, ce n'est pas seulement parce que c'est un être plus puissant que nous. Normalement, c'est l'autorité morale qui investit tous les produits de l'activité sociale et qui fait fléchir nos esprits et nos volontés. Tout ce qui vient d'elle est doué d'un prestige qui à des degrés divers nous inspire des sentiments de déférence et de respect. Quand nous nous trouvons devant ces formes de conduite et de pensée dont nous ne sommes pas les auteurs, qui sont le résultat d'expériences collectives le plus souvent séculaires, nous nous arrêtons, en comprenant qu'il y a en elles quelque chose qui dépasse les combinaisons ordinaires de notre intelligence individuelle et sur quoi on ne peut pas porter la main à la légère. Et cette impression est encore confirmée par ce qui se passe en nous quand il nous arrive de passer outre et de nous révolter. Les entreprises individuelles dirigées contre les réalités sociales dans l'intention ou de les détruire ou de les changer se heurtent toujours à de vives résistances. Les forces, morales ou non, contre lesquelles s'insurge l'individu, réagissent contre lui et attestent leur supériorité par l'énergie, la plupart du temps irrésistible, de la réaction.

L'analyse qui précède a surtout été dialectique, et c'est en connaissance de cause que nous l'avons menée de cette façon. Nous tenions à mettre en lumière dès l'abord la caractéristique des faits sociaux en partant de l'axiome suivant lequel ils sont sociaux et par conséquent ne sont pas individuels. Le lecteur, cependant, en suivant notre raisonnement, doit avoir saisi les faits qui nous ont guidés. Il y a tout d'abord un ensemble imposant de croyances et de pratiques qui présentent au plus haut degré les caractères que nous avons indiqués plus haut, à savoir les croyances et les pratiques de la vie religieuse, morale et juridique. Les unes et les autres sont par essence impératives. Elles s'imposent normalement par la vénération qu'elles inspirent, par l'obligation où nous nous sentons de les respecter et pour le cas où nous nous révolterions, par la coercition qu'elles exercent sous forme de sanction. Ceci apparaît de façon encore plus évidente dans les faits religieux parce que la manière même dont ils sont conçus prouve que leur réalité leur vient d'une source qui se trouve au-dessus de l'individu, puisque ces faits considérés comme l'émanation d'une autorité différente de celle dont l'homme, en tant qu'homme, se trouve investi et qui lui est supérieure. Et il n'en va guère autrement pour le droit et la morale, car, comme ils dérivent de la religion, ils ne pourraient avoir une nature différente, et l'un et l'autre exigent de nous une stricte obéissance. Ainsi, pour rendre compte de l'accent d'autorité impliqué dans le devoir, l'imagination populaire se plaît à y voir la parole d'un être supérieur à l'homme, d'une divinité. Le croyant prend à la lettre cette manifestation symbolique, et pour lui l'impératif religieux ou moral s'explique logiquement par la nature éminente de la personnalité divine. Pour le savant, cependant, une telle question ne se pose même pas, puisque le domaine de la science ne s'étend pas au-delà de l'univers empirique. La science ne se préoccupe pas non plus de savoir s'il existe une autre réalité. Pour elle, une seule chose est certaine, c'est qu'il existe des manières de penser et d'agir qui sont des obligations et qui pour cette raison se distinguent de toutes les autres formes d'action et de représentation mentale. Et comme toute obligation suppose une autorité qui oblige, supérieure au sujet soumis à l'obligation et qu'en outre, nous ne connaissons pas empiriquement une autorité morale qui soit supérieure à celle de l'individu excepté celle de la collectivité, on doit considérer comme étant de nature sociale tout fait qui présente ce caractère.

Par conséquent, même si ces phénomènes étaient seuls à présenter cette particularité distinctive, ils devraient néanmoins pour cette raison être séparés de ceux qu'étudie la psychologie individuelle et être assignés à une autre science. De cette manière, la sociologie aurait un domaine qui pourrait paraître restreint, mais qui serait au moins défini. En fait, il existe d'autres phénomènes qui présentent le même caractère, bien qu'à un moindre degré la langue qu'on parle dans notre pays n'oppose-t-elle pas aux audacieux novateurs une résistance égale à celle que les rites de la religion, les maximes du droit et de la morale opposent à ceux qui tentent de les violer ? Il y a en elle quelque chose qui nous inspire le respect. Les coutumes traditionnelles même quand elles n'ont rien de religieux ou de moral, les fêtes, les usages de la civilité, les modes elles-mêmes sont protégées par une grande variété de sanctions contre les tentatives individuelles de rébellion. L'organisation économique elle aussi s'impose à nous par une nécessité impérieuse. Si nous essayons de nous insurger contre elle nous ne sommes pas blâmés, à coup sûr, pour ce seul motif, mais il est nécessaire d'ajouter que ces innovations réveillent souvent des résistances qui ne sont pas dépourvues de caractère moral. Il faut toutefois tenir compte non seulement de l'impossibilité matérielle de ne pas se conformer dans une large mesure aux règles de la technique consacrée, mais aussi du fait que cette consécration n'est pas un vain mot. Tant dans la vie industrielle que dans les autres rapports quotidiens les pratiques traditionnelles, respectées dans le milieu ou nous vivons, ne peuvent pas ne pas exercer sur nous une autorité qui suffit à contenir nos divergences mais qui, plus faible que celle qui vient des disciplines morales, les freine avec moins d'efficacité qu'elles. Toutefois il n'y a entre les unes et les autres qu'une différence de degré dont il n'est pas pour l'instant nécessaire de rechercher les causes. En conclusion, la vie sociale n'est rien d'autre que le milieu moral ou, mieux, l'ensemble des différents milieux moraux qui entourent l'individu. En les qualifiant de moraux, nous voulons dire que ce sont des milieux constitués par des idées ; c'est pourquoi ils jouent le même rôle vis-à-vis des consciences individuelles que les milieux physiques vis-à-vis des organismes. Les uns et les autres sont des réalités indépendantes - pour autant qu'il existe dans ce monde où tout est lié des choses indépendantes les unes des autres. Nous devons donc nous adapter à ces deux sortes de réalités. Toutefois, la force coercitive à laquelle se soumet ici notre corps, là notre volonté, n'est pas dans les deux cas une réalité de même nature et n'est pas reliée aux mêmes causes ; l'une est formée par la rigidité des combinaisons moléculaires qui constituent le milieu physique et auxquels naturellement nous sommes obligés de nous adapter ; l'autre est constituée par le prestige sui generis dont les faits sociaux ont le privilège et qui les soustrait aux menaces individuelles.

Nous n'entendons pas, par ailleurs, affirmer que les pratiques ou les croyances sociales pénètrent dans les individus sans subir de variations, ce qui serait contredit par les faits. En dirigeant notre pensée vers les institutions collectives, en les assimilant même, nous les rendons individuelles, en leur imprimant plus ou moins notre caractère individuel, de la même façon qu'en nous occupant avec notre esprit du monde sensible, nous le colorons chacun à notre guise, si bien que nous voyons bien des sujets différents différemment dans un même milieu physique. Et c'est pour cette raison que chacun d'entre nous, jusqu'à un certain point, se forme sa propre foi religieuse, son propre culte, sa propre morale, sa propre technique. Il n'est pas d'uniformité sociale qui ne permette toute une échelle de gradations individuelles, il n'est pas de fait collectif qui s'impose de manière uniforme à tous les individus.

Cela n'empêche pas, cependant que le champ des variations possibles et tolérées soit toujours et partout plus ou moins restreint. Presque nul dans le domaine religieux ou moral, où l'innovation et la réforme prennent presque fatalement le nom d'hérésie et de sacrilèges, il est plus étendu dans la sphère des phénomènes économiques. Mais, tôt ou tard, ici aussi, on trouve une limite qu'on ne peut pas dépasser. Donc la caractéristique des faits sociaux réside entièrement dans l'ascendant qu'ils exercent sur les consciences particulières.

Quant a leurs signes extérieurs, il y en a au moins deux qui nous semblent tout particulièrement symptomatiques et d'application relativement facile. Il y a d'abord les résistances par lesquelles le groupe social s'oppose à ce que les individus s'écartent de certaines manières de faire ou de penser. Il est très facile d'observer ces résistances quand elles s'expriment dans des sanctions précises, religieuses, juridiques ou morales. Dans tous ces cas la société oblige directement l'individu à se conduire ou à penser d'une façon déterminée et c'est cela qui rend incontestable le caractère social de toutes les règles obligatoires, dans le domaine de la religion, du droit et de la morale. Parfois cependant la résistance sociale est moins facilement perceptible et a quelque chose de moins conscient et de plus caché. Telle est la résistance qui s'oppose aux innovations trop radicales en matière de technique économique. Il est donc utile d'adopter un autre critère qu'on puisse plus facilement appliquer dans tous les cas. Nous le trouverons dans la manière spéciale dont les faits sociaux s'individualisent. Puisque la société les impose a ses membres, ils doivent avoir une certaine généralité à l'intérieur du groupe auquel ils se réfèrent ; d'autre part, comme ils sont issus de la société, ils ne peuvent pénétrer dans les individus qu'en suivant un processus qui va de l'extérieur vers l'intérieur. En effet les règles de la morale, les pratiques de la civilité, les opinions et les usages traditionnels de notre milieu nous parviennent par le moyen de l'éducation commune ; les règles de la technique professionnelle par l'intermédiaire de l'éducation technique, les articles de la foi par l'éducation religieuse, etc. Et que dirons-nous des règles juridiques, dont la partie extérieure est telle que nous en ignorons la plus grande partie pendant toute notre vie et que nous devons avoir recours à une consultation quand nous avons besoin de les connaître ? D'un côté donc la généralité, à elle seule, n'est pas un critère suffisant, comme nous l'avons déjà montré, de l'autre la connaissance, à elle seule, du processus selon lequel les phénomènes sociaux s'actualisent dans chaque conscience ne serait pas un critère distinctif plus exact ; car il peut nous être suggéré des idées et des actes qui viennent de l'extérieur et qui, toutefois, n'ont rien de collectif. Mais ces deux particularités, mises ensemble, sont, au contraire, véritablement caractéristiques. Ces manières d'agir et de penser qui sont générales dans une société donnée mais que les individus empruntent à l'extérieur, ne peuvent être redevables de cette généralité qu'à l'action du seul milieu moral dont elles subissent l'influence, c'est-à-dire du milieu social. Ces normes impersonnelles de la pensée et de l'action sont celles qui constituent le phénomène sociologique par excellence et il existe entre elles et la société le même rapport qu'entre les fonctions vitales et l'organisme : elles dépendent de l'intelligence et de la volonté collective. Elles constituent donc la matière propre de la physiologie sociale.

En même temps que cette définition délimite le domaine de la recherche, elle sert à l'orienter. Quand on veut s'efforcer de réduire les phénomènes sociaux à n'être que des phénomènes psychologiques plus ou moins développés, on est condamné à faire une sociologie que je me permettrais d'appeler facile et abstraite. Et, de fait, la tâche du sociologue apparaît dans ces conditions comme relativement aisée, puisque, la société n'ayant pas de lois propres, il n'a rien à découvrir. Il ne lui reste qu'à emprunter à la psychologie les lois que celle-ci estime avoir formulées et à rechercher comment peuvent en être déduits les faits qu'il étudie. Le seul problème qu'il puisse rencontrer est le suivant : que deviennent les facultés générales de la nature humaine dans les rapports de toutes sortes que les hommes peuvent avoir les uns avec les autres ? Pour la même raison, toute l'illustration détaillée et concrète des faits sociaux, ce qui en forme la richesse et la spécificité, lui échappe nécessairement. Les prérogatives de la conscience individuelle sont trop simples, trop générales, trop indéterminées pour pouvoir rendre compte des particularités que présentent les pratiques et les croyances sociales, la variété de leurs formes, la complexité de leurs caractères. Ces systèmes se bornent donc à développer, avec plus ou moins de finesse, des vues très schématiques, des concepts tout à fait formels, qui, par leur indétermination, se soustraient à tout contrôle. Mais si au contraire, il existe réellement un règne social, aussi différent du règne individuel que le règne biologique peut l'être du règne minéral, le domaine de la sociologie comprend tout un monde immense, inexploré, où agissent des forces qu'on n'a pas même encore imaginées jusqu'à présent, où il y a par conséquent beaucoup de découvertes à faire. Nous nous trouvons face à un domaine inconnu qu'il faut conquérir et soumettre à l'intelligence humaine. Cependant cette conquête n'est pas aisée. Sur un terrain aussi vierge nous ne pouvons avancer qu'avec lenteur et circonspection. Pour découvrir les lois de cette réalité complexe, il est nécessaire d'adopter des procédés propres à pénétrer dans une telle complexité de faits, il ne suffit pas d'observer, de classer, de comparer mais il faut que les méthodes d'observation, de classification, de comparaison soient adaptées à la nature de cette étude spéciale.

V

Cependant la sociologie, ainsi comprise, reste exposée au reproche que lui a adressé Simmel. Les faits dont elle s'occupe sont déjà étudiés par des sciences qui existent depuis longtemps : les mouvements et l'état des populations par la démographie, les phénomènes économiques par l'économie politique, les croyances et les pratiques religieuses par l'histoire comparée des religions, les idées morales par l'histoire de la civilisation, etc. La sociologie ne serait donc rien d'autre qu'une étiquette apposée sur un assemblage plus ou moins cohérent de vieilles disciplines et n'aurait de nouveau que le nom ?

Nous tenons tout d'abord à rappeler que, même si ce reproche était fondé, ce ne serait pas une raison valable pour circonscrire arbitrairement le terme de sociologie par on ne sait quelle catégorie d'études qu'on n'arrive pas à déterminer avec exactitude et qui de toutes façons n'ont aucun droit à cette situation privilégiée. Bien plus il est tout à fait inexact qu'en réunissant de cette façon sous une même rubrique ces différentes disciplines spéciales, on n'opère qu'une simple réforme verbale ; en fait ce changement de nom implique et traduit extérieurement un profond changement dans les choses.

En réalité, toutes ces sciences spéciales, économie politique, histoire comparée du droit, des religions, démographie, géographie politique, ont été jusqu'à présent conçues et appliquées comme si chacune formait un tout indépendant, alors qu'au contraire les faits dont elles s'occupent ne sont que les diverses manifestations d'une même activité, l'activité collective. Il en dérive que les liens, qui les unissaient, passaient inaperçus, Qui pouvait supposer jusqu'à une époque récente qu'il y avait des relations entre les phénomènes économiques et religieux, entre les pratiques démographiques et les idées morales, entre les conditions géographiques et les manifestations collectives, etc. ? Une conséquence encore plus grave de cet isolement est que chaque science étudiait les phénomènes de son ressort comme s'ils n'étaient reliés à aucun système social. Regardez les lois de l'économie politique ou, pour être plus exact, les propositions que les économistes parent de cette dignité ! Indépendantes dans le temps et l'espace, elles ne semblent être solidaires d'aucune forme d'organisation sociale. On ne pensait pas non plus qu'il pouvait y avoir des types économiques définis en relation avec des types sociaux également déterminés, de la même façon qu'il y a des appareils digestifs et respiratoires différents suivant la nature des espèces animales. On pensait que tous les phénomènes d'ordre économique procédaient de mobiles extrêmement simples, très généraux, communs a l'humanité entière. Pareillement, l'histoire comparée des religions étudiait les croyances et les pratiques religieuses comme si elles n'étaient que l'expression de certaines conditions intimes de la conscience individuelle : par exemple, la crainte que les grandes forces de la nature inspirent à l'homme ou les réflexions qui lui sont suggérées par certains phénomènes de la vie, comme le rêve, le sommeil, la mort. C'est seulement récemment que l'histoire comparée du droit a tente des rapprochements entre quelques institutions domestiques et certaines formes d'organisation sociale ; mais ces rapprochements sont encore timides, embryonnaires et sans méthode, bien qu'ils aient été tentés en particulier par Post et par son école et que Post ait été sociologue. Avant Ratzel, qui aurait eu l'idée de voir dans la géographie politique une science sociale, ou plus généralement une science explicative au sens propre du terme ?

Ce constat peut d'ailleurs être généralisé. Beaucoup de ces recherches non seulement n'ont rien de sociologique, mais n'ont qu'imparfaitement un caractère scientifique. En ne reliant pas les faits sociaux au milieu social dans lequel ils sont enracinés, ces recherches demeurent suspendues en l'air sans relation avec le reste du monde, sans qu'il soit possible d'apercevoir le lien qui les unit les unes aux autres et qui en constitue l'unité. Dans ces conditions il ne reste qu'à exposer ces faits sans les classer ou les expliquer, comme le font les historiens purs, ou qu'à extraire ce qu'ils ont de plus général selon un point de vue schématique qui, naturellement, leur fait perdre leur individualité. Mais en suivant cette méthode, on ne réussirait pas à établir de relations définies entre des classes de faits définies c'est-à-dire des lois au sens le plus général du terme ; or la OÙ il n'y a pas de lois, peut-il y avoir une science ?

Il n'est pas nécessaire de démontrer longuement comment cet inconvénient s'élimine lorsqu'on considère ces différentes sciences comme des branches d'une science unique qui les englobe toutes et à laquelle on donne le nom de sociologie. A partir de là, il n'est plus possible de cultiver l'une d'entre elles en restant étranger aux autres ; parce que les faits qu'elles étudient respectivement s'entrelacent, telles les fonctions d'un même organisme, et sont étroitement lies les uns aux autres. En même temps, ils prennent un aspect bien différent. Produits par la société, ils se présentent comme fonctions de la société et non comme fonctions de l'individu, et en tant que tels ils peuvent être expliqués. C'est en partant de la façon dont est constituée la société, et non de la manière dont nous sommes constitués individuellement, qu'on peut expliquer pourquoi ces faits prennent une forme plutôt qu'une autre. C'est pour cette raison qu'ils cessent de tourbillonner dans cette espèce de danse, par laquelle ils réussissaient à échapper aux recherches de la science, et qu'ils deviennent le substrat qui les rattache au reste des faits humains. C'est ce qui constitue le substrat social et c'est ainsi qu'on réussit à fixer des régularités définitives entre ces faits et à établir des lois proprement dites.

Une autre cause a aussi contribué à déterminer ce changement d'orientation. Pour avoir l'idée de rechercher des lois des phénomènes sociaux, il était nécessaire de savoir d'abord ce que sont les lois naturelles et les procédés par lesquels on les découvre ; une telle intuition ne pouvait s'acquérir que par la pratique des sciences dans lesquelles des découvertes de ce genre se font chaque jour, c'est-à-dire les sciences de la nature. Or les écrivains qui se consacraient à des études sociales spécialisées, les économistes et les historiens, avaient une culture plus littéraire que scientifique. En général, ils ne possédaient qu'une notion très indéterminée de ce qu'est une loi. Les historiens en niaient systématiquement l'existence dans toute l'étendue du monde social ; quant aux économistes, on sait qu'ils désignent sous ce nom des théorèmes abstraits, qui n'expriment que des possibilités idéologiques et qui n'ont rien de commun avec le terme de loi que l'on emploie en physique, en chimie, en biologie. A l'oppose, les penseurs qui les premiers prononcèrent le mot de sociologie et qui par conséquent pressentirent l'affinité de tous ces phénomènes qui semblaient jusqu'alors indépendants les uns des autres, Comte et Spencer, étaient au courant des méthodes utilisées dans les sciences de la nature et des principes sur lesquels elles se fondent. La sociologie prit naissance à l'ombre de ces sciences, et par suite c'est en étroit contact avec elles qu'elle attire dans son champ d'action toutes les sciences sociales particulières qu'elle englobait à l'origine et qui maintenant ont été pénétrées par un esprit nouveau. Il va de soi que, parmi les premiers sociologues, certaines ont eu le tort d'exagérer ce rapprochement au point de méconnaître l'originalité des sciences sociales et l'autonomie dont elles doivent jouir par rapport aux sciences qui les ont précédées. Mais ces excès ne doivent pas faire oublier tout ce qu'il y a de fécond dans ces foyers principaux de la pensée scientifique.

Il convient donc que ce terme de sociologue, dans le sens que nous lui avons donné, ne corresponde pas à un simple enrichissement du vocabulaire, mais qu'il soit et reste le signal d'une rénovation profonde de toutes les sciences qui ont pour objet le règne humain ; c'est ce qui constitue la tâche de la sociologie dans le mouvement scientifique contemporain. Sous l'influence des idées que ce mot résume, toutes les études qui jusqu'à présent prenaient leur source plutôt dans la littérature ou dans l'érudition, démontrent que leurs véritables affinités se trouvent ailleurs et qu'elles ont cherché leur modèle dans une direction tout à fait opposée. Au lieu de s'arrêter à la seule considération des événements qui se déroulent à la surface de la vie sociale, on a éprouvé le besoin d'étudier les points les plus obscurs de ses profondeurs, les causes intimes, les forces impersonnelles et cachées qui font agir les individus et la collectivité. Cette tendance s'était déjà manifestée chez certains historiens, mais il incombe à la sociologie d'en donner une conscience plus claire, d'éclairer et de développer cette tendance. Le mouvement en est certes encore à ses débuts, cependant c'est déjà beaucoup qu'il existe, et désormais il ne reste plus qu'à le renforcer et lui donner une direction précise.

Toutefois, il n'est pas dit que la sociologie doive perpétuellement se limiter à n'être qu'un système de sciences spéciales. Si tous les faits qu'observent ces sciences ont des affinités, s'ils ne sont que des espèces d'un même genre, il vaut la peine de rechercher ce qui forme l'unité du genre lui-même, et c'est le rôle d'une branche spéciale de la sociologie d'entreprendre cette recherche. La société, la vie sociale dans toute l'étendue de son évolution forment un tout dont la science n'est pas encore complètement constituée pour cette seule raison qu'on en a étudié les éléments à part. Après l'analyse il faut faire la synthèse et démontrer comment ces éléments s'unissent pour former un tout. C'est la raison d'être de la sociologie générale. Si tous les faits sociaux présentent des caractères communs entre eux, cela vient de ce qu'ils dérivent tous d'une même souche, ou de souches de même espèce. C'est la tâche de la sociologie générale de trouver ces souches premières.

Dans le domaine de la morphologie, la sociologie cherchera quel est le groupe élémentaire qui a été à l'origine des groupes de plus en plus complexes ; dans le domaine de la physiologie, elle se demandera quels sont les phénomènes fonctionnels élémentaires, qui, en se combinant entre eux, ont progressivement formé les phénomènes de plus en plus complexes qui se sont développés au cours de l'évolution. Mais la valeur de la synthèse dépend évidemment de la valeur des analyses que proposent les sciences particulières. Il est donc nécessaire de nous employer à constituer et à faire progresser ces dernières. Telle apparaît dans l'immédiat la tâche la plus urgente de la sociologie.